Photographies, Dessins, Textes	Anne Golaz
Textes	Antoine Jaccoud
Publié par	MACK

D1810313

Photographies, Dessins, Textes Anne Golaz

Textes Antoine Jaccoud

1. LE TRAVAIL

La première nuit, j'ai rêvé du vent qui soufflait à Agiez. Curieusement, le même vent violent soufflait par vagues, comme en pleine mer. On pouvait presque s'appuyer contre lui. Je me sentais impatiente et anxieuse. Je devais à tout prix enregistrer le bruit des pins qui se balançaient dans la tempête. Mais ces arbres étaient introuvables. Je me suis réveillée avec le souffle des bourrasques dans la tête et la sensation physique du vent autour de mon corps: il me poussait en avant comme un animal gigantesque qui aurait appuyé son flanc contre moi. C'était une énergie palpable, d'une grande intensité, capable de me porter entièrement mais en même temps une force brutale qui me poussait dans le dos, comme pour me jeter dehors.

Plus tard j'ai écouté l'eau couler du toit, sous l'épaisse couche de neige fondante. Une mélodie continue, exactement comme le clapotis de l'eau qui se faisait entendre derrière le fourneau de la vieille cuisine, de *l'autre côté*.

La clé

Elle est là à tourner dans le froid autour de la maison.
Le frère est absent et elle n'a pas la clé.
Cette maison fut la sienne pourtant, et à l'époque, on ne
fermait pas à clé, peut-être parce qu'il y avait toujours
quelqu'un. Mais voilà, le temps a passé, l'enfance n'est
plus qu'un tas de souvenirs, le frère n'est pas là, et elle qui
est partie très loin doit aujourd'hui rester dehors.

A l'intérieur, la chienne s'agite. Elle était venue aussi pour
la sortir un moment; peut-être qu'elle serait descendue
avec Mino jusque dans les gorges, ensuite elle aurait
profité pour demander quelque chose à son frère – pour
son livre, ou juste pour savoir; à ce frère aimé, autrefois
complice, qui ne répond pas aux questions absurdes et
saugrenues, surtout quand elle les pose par e-mail, elle
qui est si loin maintenant.

Mais voilà, la maison est fermée, il fait froid dehors, et le
frère, celui qui ne répond pas, il n'est pas là.

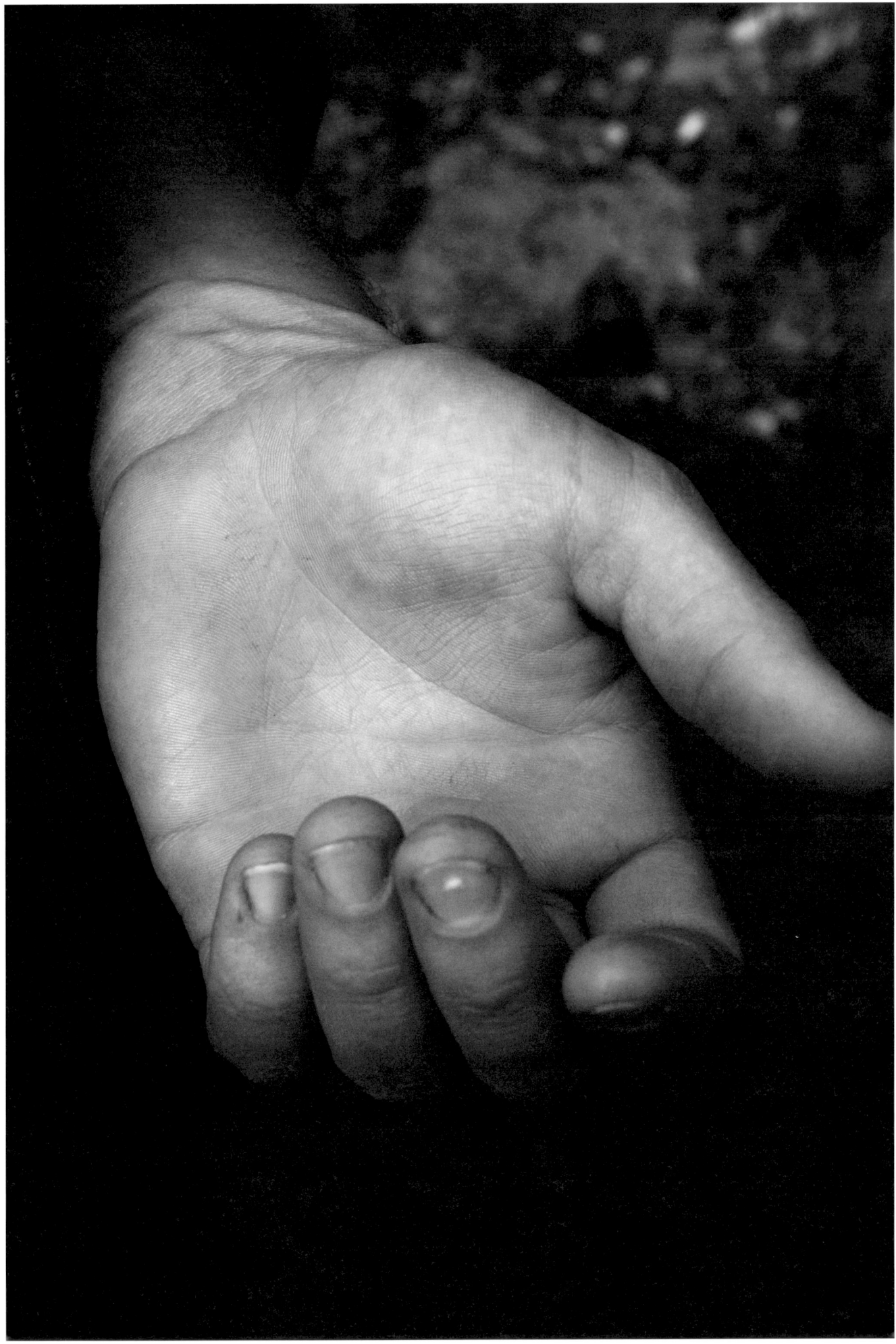

Pause

Le frère est assis sous une sorte d'étendage de fortune, que soutient une ficelle, ou un bout de câble. Du linge y sèche. On reconnaît un torchon à vaisselle, un linge de toilette aussi, des chaussettes. Les tissus se chevauchent, comme si le frère s'était arrêté en plein milieu de sa besogne, ou s'il se foutait que ça sèche vite ou pas.

Autour de lui, la pénombre; soit qu'il fasse déjà nuit, soit que la pièce demeure exprès dans l'obscurité. Le frère regarde dans le vide, immobile. On ne sait pas ce qu'il fait, ni où il est vraiment. Dans la lune peut-être. Ou un astre plus noir. Visiblement lui ne le sait pas non plus.

On remarque maintenant parce qu'on s'est habitué à la pénombre, mais aussi parce que le frère ne donne toujours pas signe de vie – une boîte de cacao, de celle que l'on boit enfant, mais plus à l'âge du frère, ainsi qu'un panier d'osier qui attend probablement que le linge sèche. On observe enfin qu'une cloche pend aussi, comme le linge, dans un coin.

C'est une cloche de vache, de taille moyenne, 'une clochette', il dirait, c'est à dire ni un grelot, ni une varone.

Elle se mettrait à tinter soudain ne serait-ce qu'une fois – que tout s'animerait peut-être, que tout serait subitement appelé à s'extraire de cette espèce de torpeur, de fixité, que cette nature morte deviendrait nature vivante. On verrait alors le frère, les objets, tout ce bazar qui traîne autour de lui se remettre en marche, s'animer, et dans le linge qui sèche, immobile et mal aligné, on entendrait le vent souffler.

Mais on peut imaginer aussi qu'après ce tintement, ou même dix, rien ne se passerait. Que la cloche ne pourrait rien ni personne réveiller. Elle s'arrêterait alors, découragée, résignée, ou simplement respectueuse de ce qui n'est peut-être qu'une pause, un arrêt.

Une vache comme ça, tu fais comment pour l'envoyer
à la boucherie ?

                                        Tu l'amènes au marché à Croy.

              Et puis ?

                        Et puis voilà.

Mais celle-là par exemple ?

                              Ben on va pas la mettre à l'asile non plus…

Mais le jour où tu dois amener une vache comme ça à
la boucherie, tu fais comment ?

                              Hein ?

Le jour où tu dois l'expédier, enfin, que c'est fini, tu fais
comment ?

                              Comment pour quoi ?

Parce que tu l'aimes bien quand même…

              Ben oui, mais voilà c'est comme ça… Les vaches elles s'arrangent
                        toujours pour nous faire chier avant qu'on doive les vendre.

Ça veut dire quoi ?

              Elles deviennent tout le temps emmerdantes, pour finir on est
                        content de les voir foutre le camp.

Même une que tu aimes bien comme ça ?

                              Celle-là, elle a une fille…Là, à côté.

                        (il désigne une bête, hors-champ)

                              Ce petit truc…

Ça te fait jamais de la peine de devoir l'envoyer ?
T'en avais pas une une fois qui s'appelait Mousso,
que tu adorais ?

                        Ben oui j'en ai eu plein que j'adorais.

Ça te faisait jamais déprimer ?
                        Non…..

                        (Une pause)

                        C'est tout bon ?

                        Ouais.

Les nôtres

Traverser la route en direction de la cure. Prendre *le chemin des fées* - couloir étroit entre deux hauts murs recouverts de touffes de lierre. Au bout du chemin, à la sortie, longer les buissons de noisetiers qui vont bien pour tailler des arcs, ou faire des bâtons qu'on utilisera pour aller chercher les vaches.

Prendre les grands-prés ensuite, en courant l'un à côté de l'autre comme des dératés, jusqu'au bas du village, jusqu'à la route, jusqu'au cimetière.

S'assurer qu'il n'y a personne aux alentours et grimper sur le mur avant de sauter *de l'autre côté*.

Ici, presque tous les noms nous sont familiers. Les Porchet, Les Baudraz, les Vallotton (ceux *d'en haut* dont le domaine est aujourd'hui associé au nôtre, et ceux *d'en bas* dont le père a toujours été surnommé *Culotte*, comme un simple prénom, si bien qu'on ne se rend même plus compte de ce qu'il veut dire).

Certaines tombes sont *les nôtres*. Mais on n'a jamais connu ceux qui sont sous terre. Ni le couple des grands-parents, ni celle-là qui était si jeune que ça fait bizarre: elle aurait presque pu être notre mère à nous, cette femme qui était une voisine, fille de la ferme d' à côté, et qui deviendra la première femme de notre père, mais dont on ne parle jamais. Il y a des roses gravées sur sa tombe.

D'autres, des pierres plus anciennes, sont couvertes de mousse et ce qu'on y avait inscrit s'est effacé. D'autres encore penchent comme si quelqu'un venait s'y appuyer souvent; les plus fraîches enfin sont de simples croix de bois clair autour desquelles rien n'a encore eu le temps de pousser.

On joue à leur mettre des notes, comme à l'école, comme pour faire un concours et récompenser les plus belles. Certaines ont de beaux dessins gravés sur la surface polie du marbre, parfois des sapins ou des perce-neiges, des fois une bête, un cerf ou une hirondelle. D'autres sont décorées de fleurs en plastique qui dureront un peu plus longtemps que les tagètes ou le myosotis. Et il y a encore ces deux-là, au fond, qui sont comme retournées à l'état sauvage après une vie entière passée sous les énormes buissons de rosier, auxquelles on met toujours de très bonnes notes. Et puis, enfin, celles qu'entourent un petit tapis de caillou blanc ou rose, ou même, parfois, rien du tout.

Sinon, si ce n'est pas pour s'amuser, on ne va jamais au cimetière.

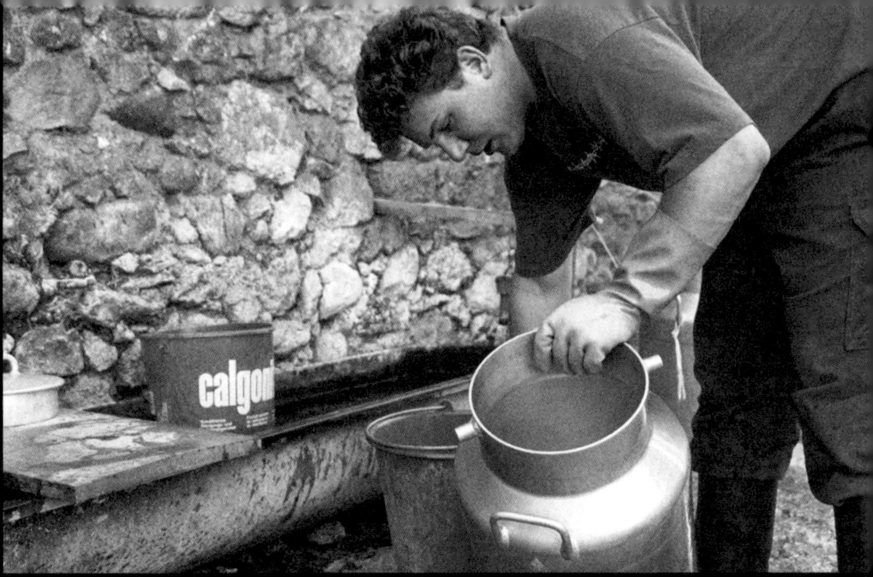
calgon

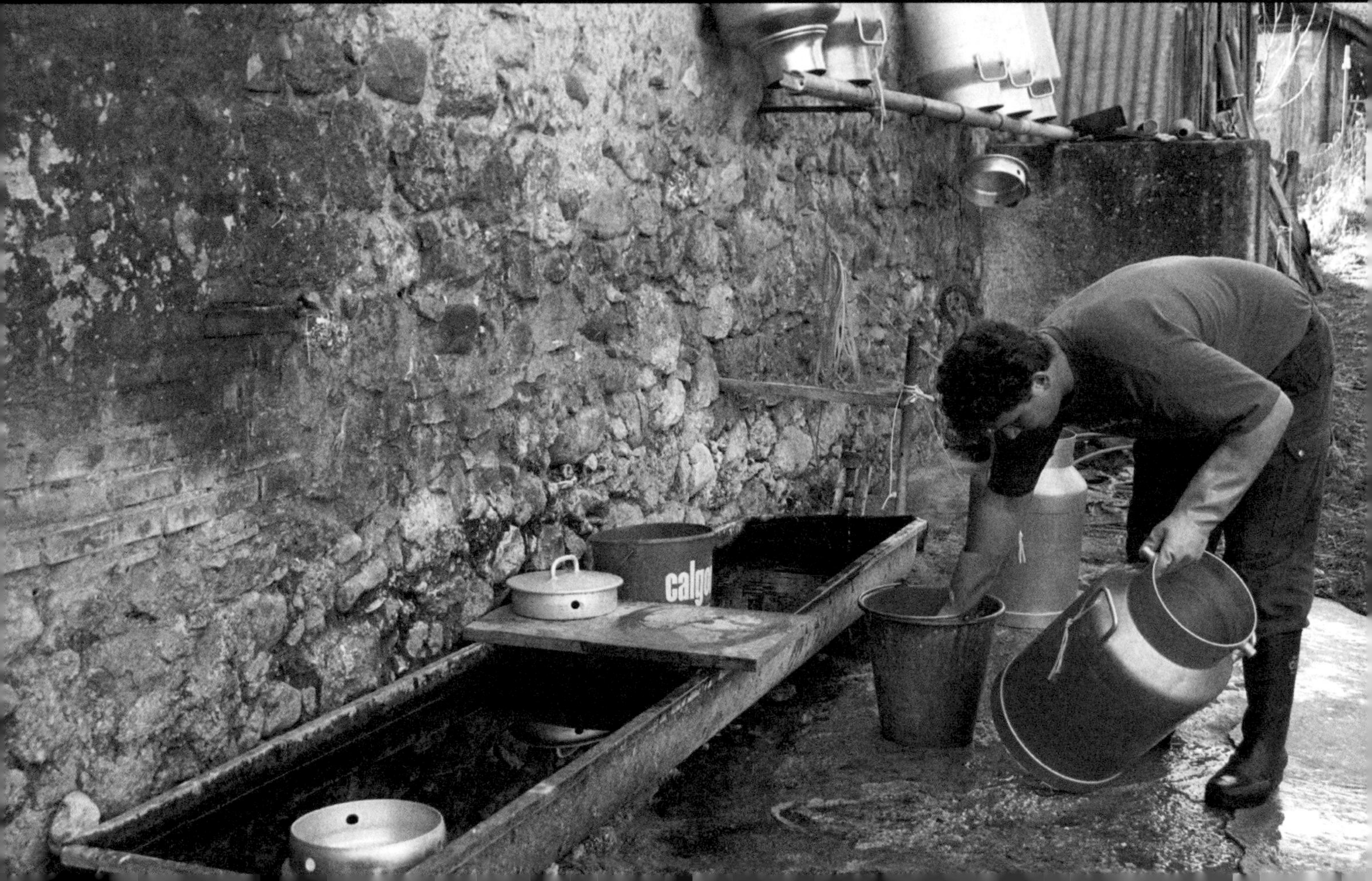

Dans un livre que ma mère m'a passé, il est question à la fin de l'histoire d'une tombe enfouie dans les buissons. Sur la pierre, il est écrit ceci: *l'espoir porte un costume de plume et franchit l'abîme*. Une référence aux vers d'Emily Dickinson qui commencent ainsi: "hope is the thing with feathers that perches in the soul".

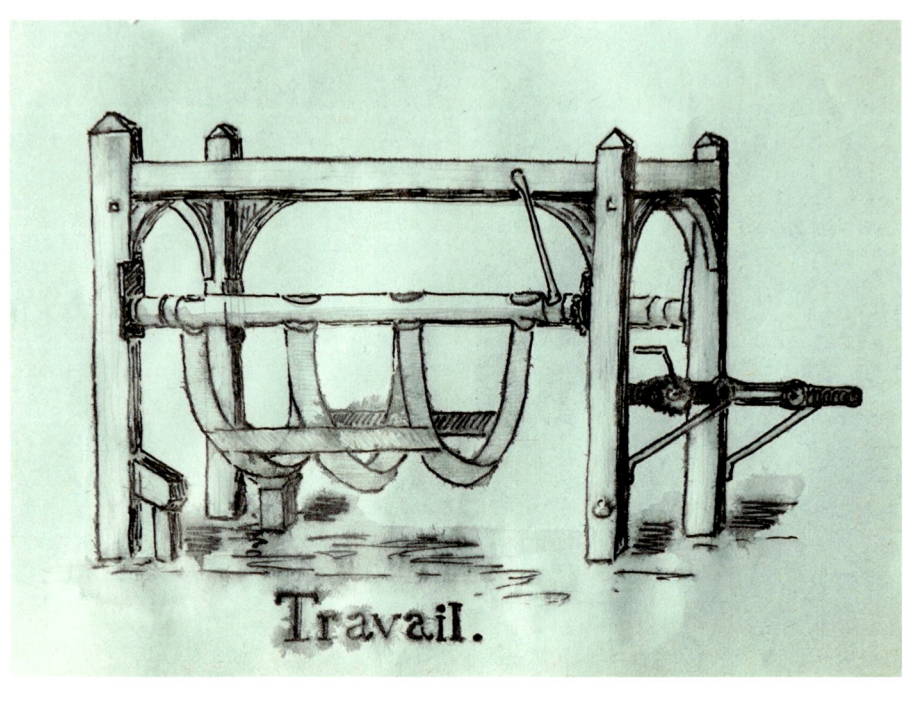

Travail.

A La Landoz

Au mois d'août, ils quittent la Vallée de Joux à pied pour
s'enfoncer dans l'immense forêt du Risoux, à cheval entre
la Suisse et la France. La frontière passée, ils suivent une
petite route en pente douce – c'est la cime qui sépare
les deux pays – sur quelques kilomètres. Puis elle hésite
un instant sur la direction à suivre, ils rebroussent alors
chemin jusqu'à ce qu'elle reconnaisse le pâturage. Elle est
chez elle maintenant, ou plutôt dans ses souvenirs. "A partir
de là' elle dit 'j'entends la voix de mon père". Et même
celui qui l'accompagne a l'impression de l'entendre cette
voix, qui vibre et volète au-dessus des taupinières. Ainsi
escortés, on marche alors jusqu'à la Landoz. Trente-cinq
ans que les bêtes passent l'été ici, d'abord celles du père,
maintenant celles du fils. Petite, elle y est montée aussi,
y a passé des jours de vacances. Le chalet est bas, trapu,
et tout dedans y est bas et trapu. Dans la cuisine noircie
par le feu ouvert, Claire-Lise qui s'occupe du troupeau depuis le début – depuis le père – raconte que l'eau manque,
que celle qui dort au fond de la citerne ne suffira pas.
Plus tard elle dit aussi que si on veut faire ses besoins, il
suffit de pousser la porte qui sépare la cuisine de l'écurie,
et de faire dans la rigole, comme les bêtes.

Ma mère rit quand elle raconte. Un rire contagieux, qu'elle évoque de bons ou de sales moments. Son enfance à elle en Suisse allemande, ses frères et ses sœurs, et le nombre incroyable de leurs déménagements; ou alors c'est la famille du côté de mon père qu'elle décrit, ses parents à lui, et les enfants qu'il a eus avec sa première femme. Elle raconte la ferme, aussi, les vaches, les voisins et le village tout entier, et puis enfin cette fois où elle s'était baignée avec la bergère dans le bassin, au beau milieu du pâturage, en haut, à l'alpage de la Landoz. Quand mon père l'avait su, il avait poussé des gueulées en disant que "ce n'était pas du boulot" de faire boire ses bêtes dans une eau où deux femmes s'étaient lavé le cul. La voilà qui éclate de rire : comme si ça aurait pu tuer ses modzons, alors que le problème c'était plutôt qu'il n'ait pas été là pour voir.

Les couleurs

Un jour ma mère a repris les noms de tous les *couleurs*,
c'est à dire de ceux qui coulaient encore le lait, dans les
années 70, à l'époque où elle aussi vivait là. Partant du bas
du village pour remonter gentiment vers le haut, elle s'est
rappelée des Broillat, des Vallotton d'en bas, des Poget,
des Baudraz (ceux du château), des Petterman, des autres
Baudraz, des Schwendimann, des Ecoffey, des Vallotton
d'en haut, des Porchet, des Leutwyler, des Turin, et puis
des Golaz...

Et quand elle a eu fini, on a réalisé que si le frère arrêtait,
il ne resterait plus que deux couleurs au village.

L'adieu

La *stab*, autrefois la porcherie, près de l'étang avec le saule
pleureur et la fontaine, là où ma nièce avait dit cette drôle
de chose quand elle devait avoir quatre ou cinq ans: que
c'était un bel endroit où, un jour, elle voudrait bien pouvoir
passer des vacances, alors qu'elle habitait au village, à
quelques centaines de mètres. Depuis, le saule a été abat-
tu et transformé en un héron sculpté à même la souche.
Il est planté là, immobile, près de l'eau. La stab se tient à
l'écart du village, derrière une haie de foyards. C'est maintenant une salle de traite qui fait passer mille litres par jour,
quelques igloos pour les veaux et une équipe de chats.
Pensé comme moderne, le bâtiment a l'air déjà vieux,
entouré de ses barrières de métal et d'une forteresse de
balles rondes mis en tas sous une bâche immense. Le sol
est recouvert de paille imbibée, des bêtes y sont cou-
chées, d'autres pâturent dehors.

Lui se tient au milieu, seul, presque immobile. A peine
discernable d'abord, de loin et à contre-jour. Sa silhouette
se confond avec celle de la bête. On entend les vaches
ruminer, souffler, pisser, la paille remuer. Mais on n'entend
presque aucun bruit et pas le moindre son de cloche, ou
de chaîne.

De plus près, dans le clair-obscur, on voit qu'il est assis sur
le flanc d'une vache couchée au beau milieu de cet espace
presque vide. Assis comme sur un fauteuil qui respire.

Il porte une salopette grise et noire, les manches retrous-
sées sur ses avant-bras musclés. Sur un côté de son cou,
un tatouage, comme une constellation qui lui sort du col.
De l'autre côté, un grain de beauté qu'on devine dans
l'ombre du visage. Ses deux mains larges sont posées à
plat sur le flanc de la vache. La robe de la bête est tache-
tée de brun, de noir et de blanc, presque mouchetée,
presque zébrée. Il flatte son épaule de la main droite tandis
qu'elle tourne la tête de temps en temps et replie le cou
pour approcher son museau vers lui. Il lui caresse alors la
babine du revers de la main.

"Ma brave. Si brave. Hein. T'es si brave. Hein oui. Ma
brave. Tu seras brave, hein?.. Hein, tu seras brave…"

C'est dit avec douceur. La bête, paisible, garde la tête
tournée vers l'homme et respire tout contre sa main en
clignant des yeux doucement de ses cils longs, étonnam-
ment longs et blancs.

Il reste assis là et la bête ne bouge pas. Il continue alors à lui tapoter l'épaule d'une main, la hanche de l'autre, tout en lui parlant de plus en plus bas. On ne voit bientôt plus que ses lèvres bouger. Cela semble durer toujours. La vache respire profondément. Peut-être est-elle sur le point de s'endormir. Lui poursuit à murmurer, soufflant des mots que l'on ne peut maintenant plus entendre.

A un moment, il se penche légèrement en avant, comme s'il allait soudain prendre appui pour se lever. Mais il reste là, les deux mains à plat collées contre le flanc de la bête. Et quand enfin il se lève, l'air de sortir de son corps à elle, il pose encore ses mains sur les yeux fermés de la vache, lui caresse une dernière fois la joue, et s'en va.

2. LA NÉBULEUSE

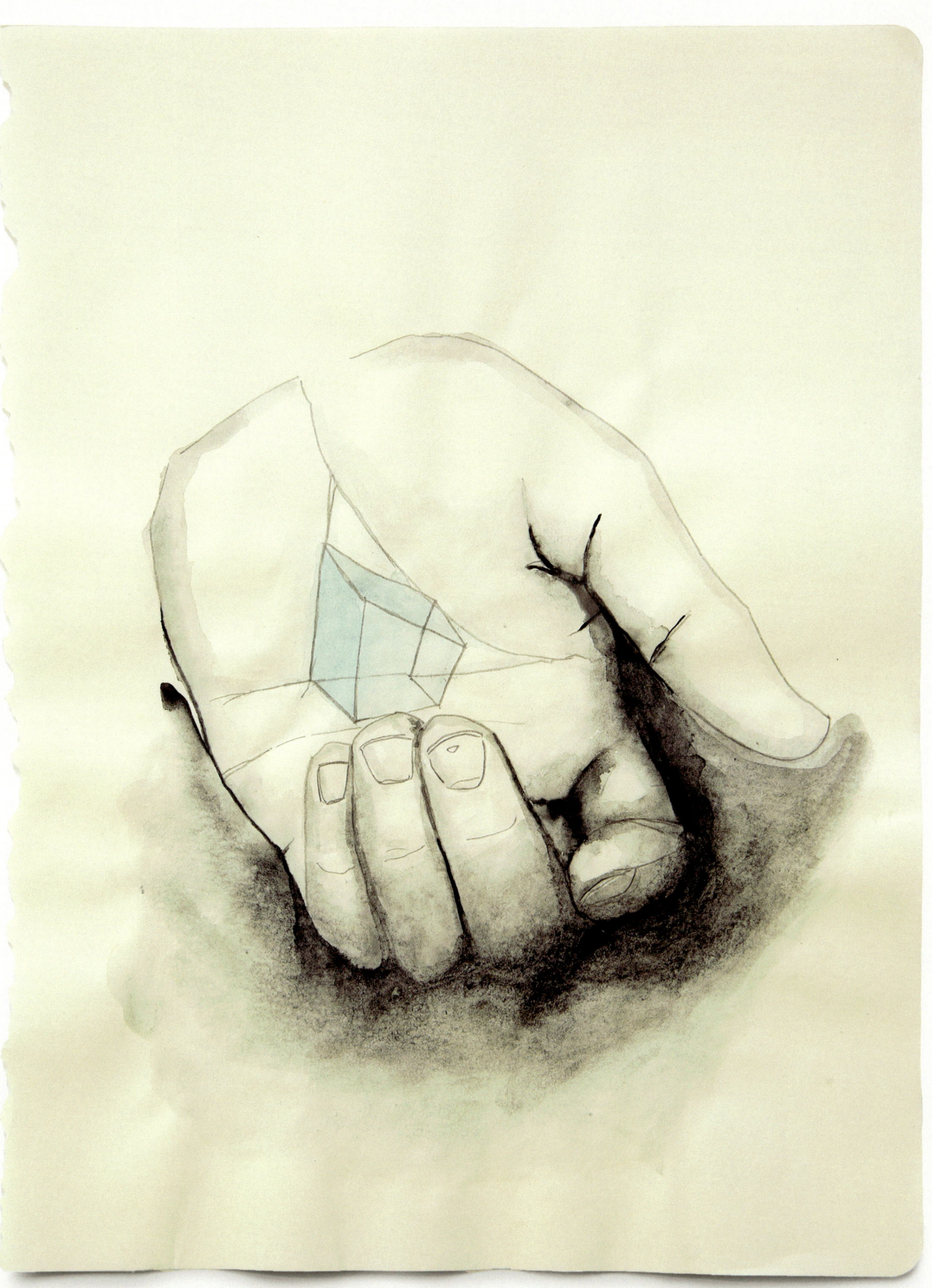

Pousser/tomber

A la naissance des gamins
ils plantent des fruitiers,
avec l'idée que tout poussera
en même temps.

A la mort du père du père,
ce sont des pins noirs,
qu'ils appellent des sapins.
Ils en ajoutent d'autres,
lorsque la mère du père
suit son mari dans le trou.

Ceux-là servent à faire de l'ombre,
à protéger la maison
et à l'enfermer aussi,
comme derrière une barrière.
Mais pour espionner d'en haut
la femme au pasteur
ils vont bien aussi.

Un jour, les sapins tombent sous la scie,
parce qu'il faut faire de la place,
ou peut-être pour rien:
une lubie, de la mauvaise humeur,
un moment comme ça.

Un été, la foudre est tombée sur un des pins. La moitié de l'arbre s'est effondrée sur la clôture. Peut-être avait-il été frappé pendant la nuit, car je ne me souviens d'aucun fracas. Tout le monde s'affairait autour de l'arbre couché dans le pré. Pour passer la clôture et aller voir de plus près, je me suis accrochée aux épaules de mon père. Lorsqu'il a enjambé le fil barbelé, mon genou a frôlé un piquant de métal qui m'a déchiré la peau du tibia de haut en bas. La blessure était bénigne, mais j'ai pu porter un bandage enroulé autour du mollet pendant un jour ou deux, et ça m'a bien plu. La cicatrice est toujours à sa place. Peut-être est-elle un peu plus courte, ou bien c'est plutôt ma jambe qui a grandi.

Salut Mooty, une petite question: en quel année tu estime que les sapins devant la maison à agiez avaient été planté? Et par qui?

13 May 09:21

T'as toujours zée questions ... en 1970 , par ton père et moi. On nous les avait donné. Une quinzaine. Heureusement la moitié ont crevé. Ici on coule   y fait 30° avec vent chaud comme un sirocco

13 May 19:14

On voit pas la mousse sur cette photo

13 May 19:16

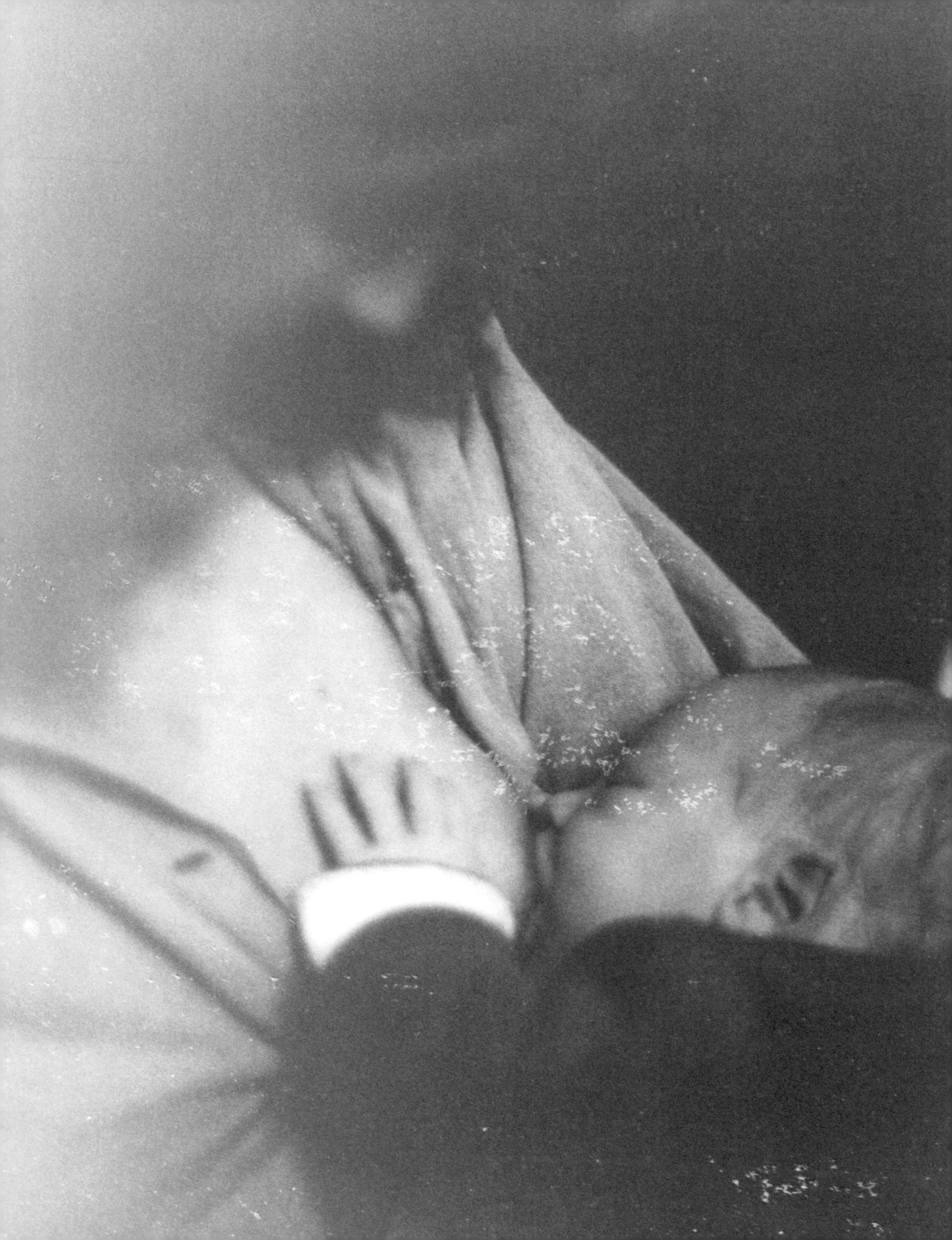

2. Le Panel suisse des ménages recense sept événements critiques de l'existence : maladie ou accident subi personnellement, maladie ou accident d'un proche, décès

d'une personne proche, rupture d'une relation étroite, conflits avec une personne proche, problèmes avec ses propres enfants, autres événements. Les conflits familiaux semblent particulièrement importants dans le contexte des exploitations agricoles.

D'un côté et de l'autre

En face de chez eux,
de l'autre côté,
il y a ce qu'ils appellent
l'autre côté justement,
qui pourrait être le mauvais côté
si on était sûr qu'ils vivaient
du bon côté.
C'est juste une autre maison
qui fait face à la leur,
comme une soeur jumelle.
Mais peut-être aussi
le reflet inversé d'eux-mêmes
et de leur vie.

Une Trace

Le frère est assis en face de moi, le torse nu.
Une table seulement nous sépare, alors je me penche
bientôt sur lui, sur le frère, et commence à le toucher.
La peau de ses flancs, de sa poitrine, je la tiens maintenant entre mes doigts. Et lui se laisse faire, sans broncher,
comme si celui qui prend le droit de le palper était un
médecin décidé à l'examiner, afin, par exemple, d'évaluer
sa masse graisseuse.

Et puis au bout d'un moment, je cesse de toucher la chair
du frère et, me reculant, commence à observer dans un
cadre plus large ce garçon massif qui me fait face mais ne
prononce pas un mot.

J'ai l'impression très nette que le frère veut simplement
s'exposer devant moi, comme pour lui dire: "tu as voulu
me voir, eh bien me voilà".

Cela dure un peu quand soudain le garçon laisse doucement tomber sa tête sur la nappe blanche recouvrant la
table qui nous sépare.

Je le regarde, surpris et incrédule.

Le frère reste un moment ainsi, la tête appuyée sur la
table – comme un homme ivre, ou un homme fatigué –
quelqu'un qui simplement, se serait laissé aller pour un
instant ou davantage.

De l'autre côté de la table, moi qui le regarde faire me dis
alors que c'est ça que le frère avait probablement envie de
manifester: qu'il est plein de lassitude, et puis aussi que
les choses ne vont peut-être pas comme il aurait voulu.

Un moment passe – un qui regarde; l'autre, le frère, qui
reste immobile, un côté du visage collé sur la nappe –
puis celui-ci relève la tête et reprend une position droite
et convenable.
Un moment de faiblesse, ou d'aveux, est passé.

Sur la nappe blanche il reste un peu de sang, ou de moque,
ou un mélange des deux.

Comme une tache qui reste de ce qui a été.

Ou de ce qui n'a jamais été.

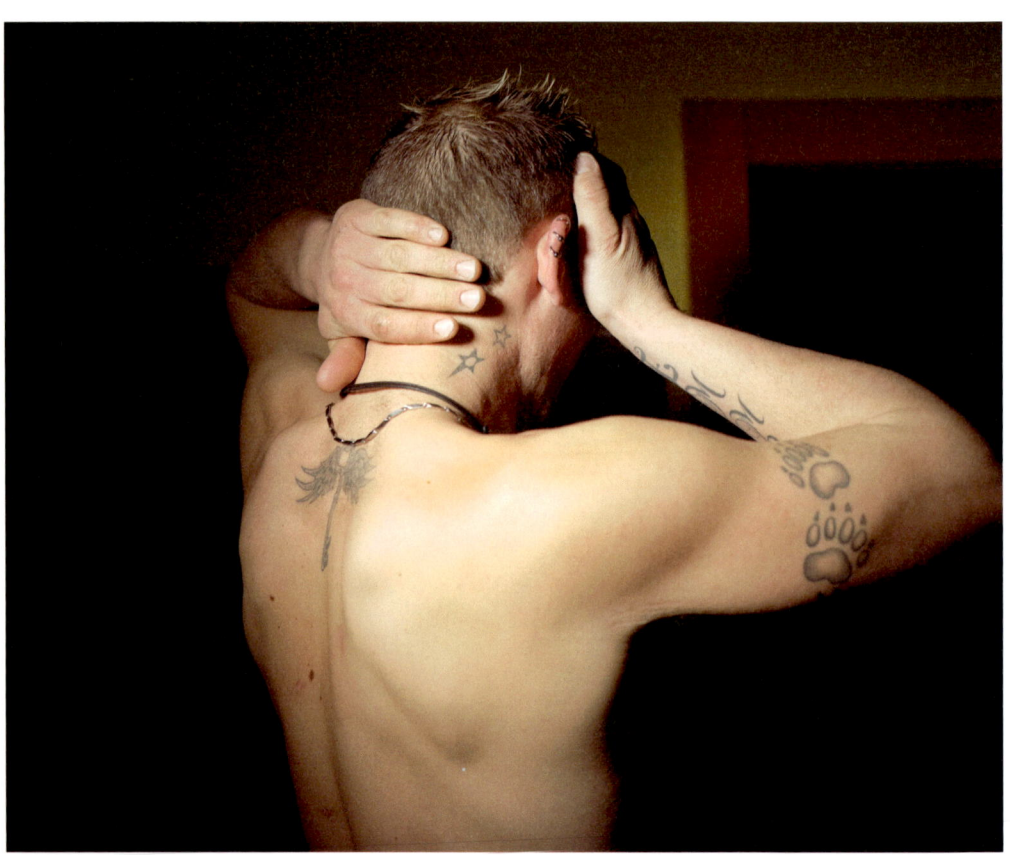

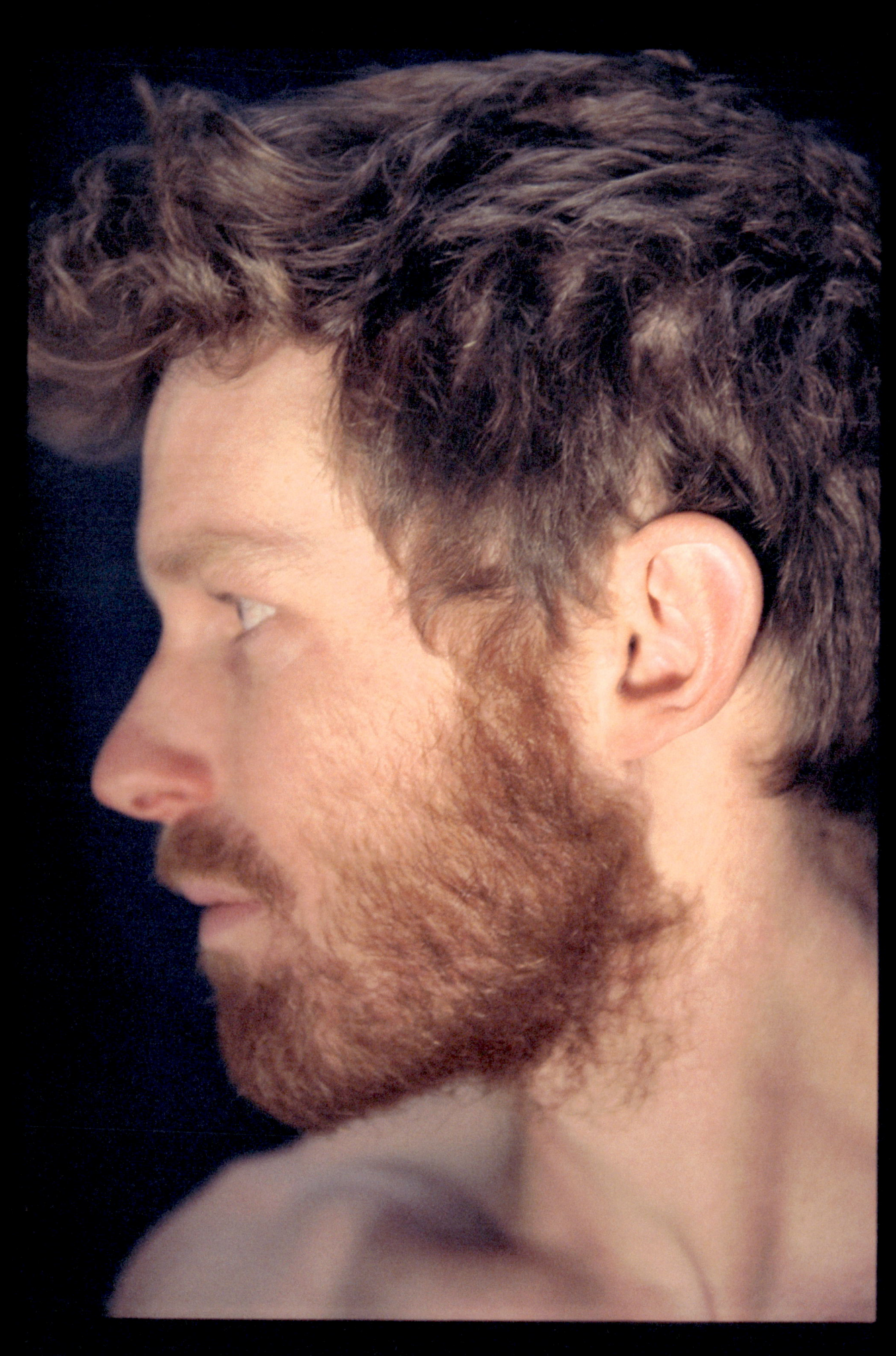

La chienne

Ils ont des chiens, tous les paysans ont des chiens.
Pour garder la maison, aboyer contre les visites, pour
leur tenir compagnie, mais aussi pour avoir comme
un intermédiaire entre les bêtes, les vraies, et eux.
Le chien mange avec les hommes, dort dehors et crève
dans un lieu qui n'est ni l'abattoir ni l'hôpital. C'est une
relation à géométrie variable: un moment une caresse,
un moment un coup de pied, un jour presque un enfant, un jour rien.

Je regardais assidument les annonces du journal agricole pour voir quels étaient les chiens à donner, et puis un jour d'été elle était là: une chienne bouvier bernois, attachée sous le noyer. Des années plus tard, alors qu'elle était déjà âgée, elle s'est mise à ronger les pieds de table, de chaise, le montant de la porte, le tire-botte. Elle faisait des trous énormes dans le dos des vestes Rukka de mon père.

Un jour j'étais venue le trouver, c'était quand il travaillait encore. Pour empêcher la chienne de faire des dégâts, il avait posé une clôture électrique entre la cuisine et la chambre. Avec une batterie, du type de celle qu'on installe au parc pour les vaches. Une clôture électrique entre la cuisine et le salon.

Mon frère l'a enlevée peu de temps après. On allait quand même pas vivre comme dans une écurie. Et puis il fallait enjamber le fil à chaque fois pour aller mettre du bois au feu.

Finir comme prévu

Tu sais, je ne vis pas bien.
J'ai de la peine à vivre.
Il y a des jours où je ne suis pas
en bonne santé.
J'ai perdu mon équilibre.
Je me suis cassé une dent.
J'ai un pansement au derrière.
J'ai un scotch sur le cœur.
Je suis un peu au bout du rouleau.
Je parle trop fort,
mais je ne suis pas malade.
Dans un mois j'aurai 84 ans.
Chez nous personne n'y arrivait.
Ma femme est morte à 31 ans.
Mon père est mort à 62 ans.
Ma mère est morte à 68 ans.

Je ne finis pas comme j'avais prévu.

Tu sais je suis content de te voir.
Les enfants ça a été beaucoup pour moi.
Je ne regrette pas par où j'ai passé.
Je ne l'ai plus, mais j'avais
une grande mémoire pour le bétail.
J'avais un cheval de cavalerie,
il s'appelait Lascar,
il avait le numéro 543.51.
Cela fait longtemps qu'on l'a perdu ce cheval,
le taureau l'a éventré.
Ne parle plus de ça,
j'ai beaucoup pleuré.
Après ça, j'ai eu un Suédois
c'était une crevure.
Je parle de cheval
faut plus que j'en parle.

Tu sais, j'ai fait tout ce que j'ai pu pour vous.
Je ne regrette pas par où j'ai passé.
Ça m'a fait plaisir que tu sois venue.
Je suis vraiment content
que tu viennes me trouver.

Tu me dis si je parle trop fort.

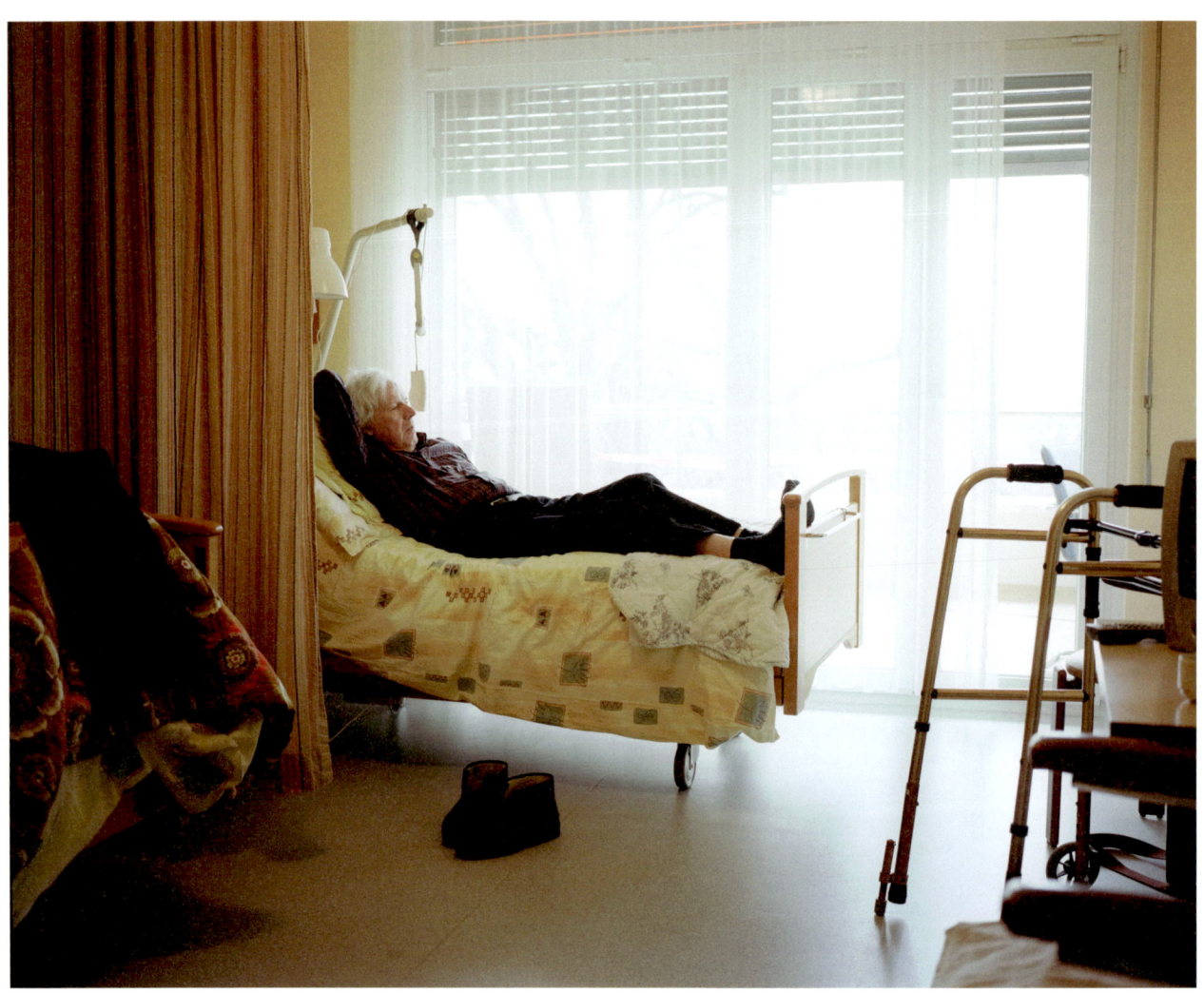

Ensuite, mon père m'a manqué. Pourtant il n'est pas mort. Et il ne m'a pas beaucoup manqué, en général. Il m'a manqué accoudé au coin de la table de la cuisine, buvant son café, toujours dans le même bol. Sa vision du monde aussi m'a manqué. Sa manière de s'inquiéter pour les bêtes, sa façon de jurer parfois. Et plus loin, jusque dans l'enfance, à l'époque où on allait faire le tour des parcs à la tombée de la nuit pour voir les chevreuils. Ou quand on partait en voiture remplir des bouteilles d'eau à Bretonnières parce que celle d'Agiez avait trop de nitrate. Il m'a manqué aussi au souvenir des vacances à Pont-de-Nant, qui n'étaient en fait qu'un long weekend, juste une fois par année, pour voir les montagnes. Pendant qu'il se reposait, mon frère et moi on courait pieds nus dans les ruisseaux en taillant des flûtes dans des tiges creuses et énormes qui nous laissaient des cloques sur la peau.

Je vais le voir avant de partir. Il somnole sur son lit. Quand il ouvre les yeux en sursautant, il croit d'abord que c'est ma soeur. Chaque fois il me raconte qui est mort en dernier et comment. Et puis il hausse les épaules en disant que de toute façon c'est comme ça ici, on attend.

3. L'AUTRE CÔTÉ

Le domaine

Parfois le plus grand mais pas toujours. Ou alors le plus intelligent mais c'est pas obligé. Ni même celui qui a suivi la formation qu'il fallait, ni même le préféré – de toute façon celui qui avait été préféré un jour peut finir maudit, tandis qu'on a vu des maudits revenir à la maison des années plus tard, franchir le seuil et s'asseoir à table là où ils bavaient, petits, jouaient avec la nourriture, se mouchaient dans la serviette, jouaient avec le chien entre leurs jambes.

Il n'y a pas tellement de règles, on est en famille, peut-être que rien ne se règle jamais.

Ou alors c'est simplement le plus loyal d'entre tous.

Ce qui est sûr, c'est qu'il en est un (parfois *une*, mais c'est plus rare) qui sera désigné, pour *reprendre* – le domaine, le commerce, l'affaire, les affaires, le patrimoine – et, qu'il le veuille ou non, le reprendra ce royaume fait de dettes, de soucis, et parfois d'arbres et de bêtes, patiemment construit par le père, et avant lui le père du père.

On verra même l'élu dire merci tandis que sa bouche muette gueule le contraire. Et le mort saisira le vif et celui qui était jeune encore et n'avait peut-être pas fini de s'amuser se mettra au travail et deviendra vieux à son tour.

Ce dont je me souviens le plus clairement, c'est la chambre vide et rangée. Tout était tellement en ordre. Son lit était fait, rien ne traînait plus sur le bureau. Plus une seule trace de doigt dans la poussière. Plus un seul habit sale en vue.

En fait, ce n'était pas vraiment une chambre, c'était l'ancienne cuisine qui se trouvait à l'étage de la nouvelle maison. Un long rideau un peu rayé gris et brun suspendu à une latte la séparait du couloir, des autres chambres et de la salle de bain. Comme décoration il avait tagué sur son mur, avec du vert et du orange fluo, des *salut* et des *hello* et je ne sais plus trop quoi d'autre. C'est la seule fois où j'ai vu sa chambre rangée. Et c'est comme ça que j'ai su qu'il s'était passé quelque chose. Et que cette chose-là serait définitive.

La verrue

Un enfant est accroupi dans le passage. C'est un chemin de caillou qui était toujours plein de merde, à l'époque où les bêtes y passaient. Plein de boue et plein de beuse. Parfois il fallait longer le mur sous la cheneau pour ne pas s'enliser. Mon père attendait les vaches au coin de la vieille maison pour les faire tourner. Mon frère les suivait avec une pelle sur l'épaule pour racler les beuses. La pelle raclait le goudron de la route d'un bruit sec et d'un geste bien maîtrisé. Les bêtes avançaient doucement, avec leurs tétines pleines. Elles s'arrêtaient toujours à la fontaine pour y plonger leur museau longtemps. Elles laissaient des fils de bave en chemin, le long de la route, jusqu'à la maison.

 Maintenant, un garçon se tient là, accroupi dans le passage. Le chemin est propre, parce que les bêtes n'y passent plus. Le passage, entre les deux maisons, mène au rural, le long du mur qui s'effrite un peu, sous la fenêtre de la chambre de bain, comme disait mon père. On ne sait pas très bien quel âge a le garçon qui se tient accroupi là. Peut-être dix ans, ou alors douze, ou même un peu plus. Peut-être qu'il n'est même déjà plus un enfant. Il a des cheveux longs et blonds un peu ondulés et mal coiffés qui descendent sur sa nuque. On ne sait pas très bien non plus si c'est un garçon ou une fille. Il est pieds nus, et porte un t-shirt sans manche, parce qu'elles ont été coupées au ciseau. On ne comprend pas bien ce qu'il fait. On le voit d'abord de dos, les mains tendues vers le sol, la tête baissée entre les genoux. On l'entend à peine marmonner quelque chose d'incompréhensible.

 Il fait sombre, mais pas vraiment nuit. La lumière tombe sur le garçon, venant d'en haut. Comme d'un lampadaire. Légèrement de côté, légèrement à contre-jour. Elle projette l'ombre du gamin sur le mur qui s'effrite. Une ombre comme celle d'un oiseau immense, la tête penchée vers le sol, les ailes repliées près du corps.

Un peu comme dans un rêve.

De plus près, on le voit farfouiller dans une plante qui pousse dans la rigole. Il en choisit une tige et la cueille. La plante saigne d'un jus jaune épais. L'enfant dit:

> "Si tu veux tu peux utiliser ça. Le jus. Ça marche à tous les coups. C'est du chélidoine. Ça grille là où ça doit disparaître. Mais ça fait pas mal."

Le gamin dépose les gouttes jaunes, presque oranges, sur ses doigts et sur le dessus de ses mains bientôt recouvertes d'une constellation de taches. Comme pour montrer comment appliquer la chose. Mais aussi parce qu'il trouve ça beau, et que ça lui plaît ces dessins sur sa peau. Puis il ouvre la main droite et de l'autre pince doucement le bout de son index en disant:

> "J'en avais une là au bout. Une dègue. Ma mère, elle voulait la couper au ciseau. D'ailleurs, j'ai toujours la marque. Ça fait un morceau dur et un pli quand je dessine beaucoup. Je suis plus trop sûr si elle l'a vraiment coupée ou pas. Mais je pense que oui, parce qu'il y a la marque."

Le travail

Et puis un jour, il a dit adieu.

Adieu à la maison, adieu à la cour où coulaient la pluie et
le lisier, adieu aux arbres, adieu à *l'autre côté*, et puis adieu
au tracteur aussi, aux machines et aux bêtes, et à ce
travail dans lequel on les sanglait pour s'occuper de leurs
pieds. Et puis encore adieu à la famille, mais cet adieu là
vite fait, sans cérémonie, "bon, j'y vais, je vous appellerai",
et puis adieu à l'associé, au village – qu'il n'aimait plus de
toute façon, qui lui sortait par les oreilles – adieu au domaine enfin, qui a été toute sa vie, même si elle n'est pas
si longue que cela.

Et il est parti.

Le *travail*, lui, est resté un moment sur une remorque dans
la grange, et puis quelqu'un l'a amené en Roumanie.

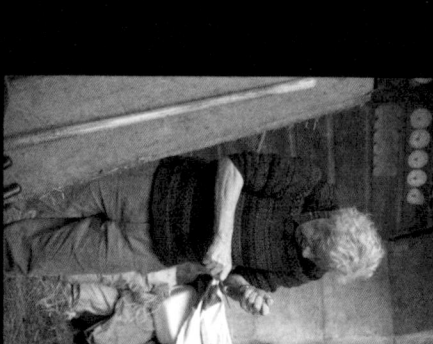

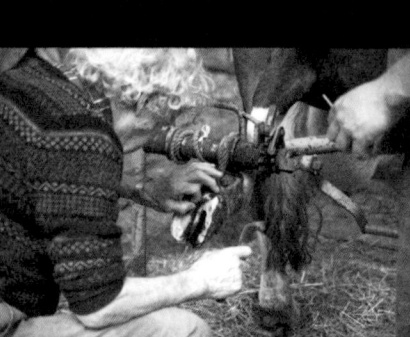

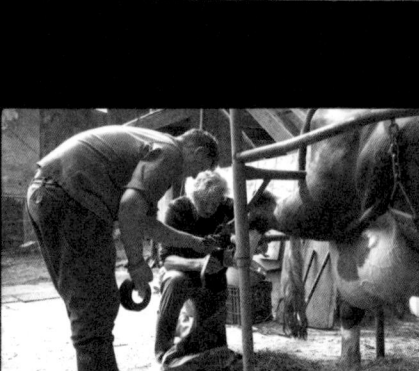

Je photographiais souvent mon père de dos, comme quelqu'un qui s'en va. Son dos était large et il y avait quelque chose dans son allure et sa posture que j'aimais à regarder. Mon frère était une autre sorte de modèle. Enfants, et même devenus de jeunes adultes, nous étions très complices. Nous faisions attention l'un à l'autre, étions touchés par les même choses – comme si nous étions faits de la même substance. Longtemps il a été aussi mon meilleur modèle, mon personnage préféré : toujours un peu consentant mais pas tout à fait, calme en apparence mais impatient à l'intérieur, agacé mais un peu amusé aussi par le fait de poser pour moi. Mais ce qui me fascinait surtout c'est qu'il avait beau être toujours là, toujours présent à la ferme, à la maison, ou aux alentours, il paraissait néanmoins toujours différent, toujours un peu autre, comme à un moment sans cesse différent de sa vie, ou dans un autre chapitre de celle-ci. Et cette espèce de métamorphose continue accentuait sa présence fuyante, le rendant toujours difficile à trouver.

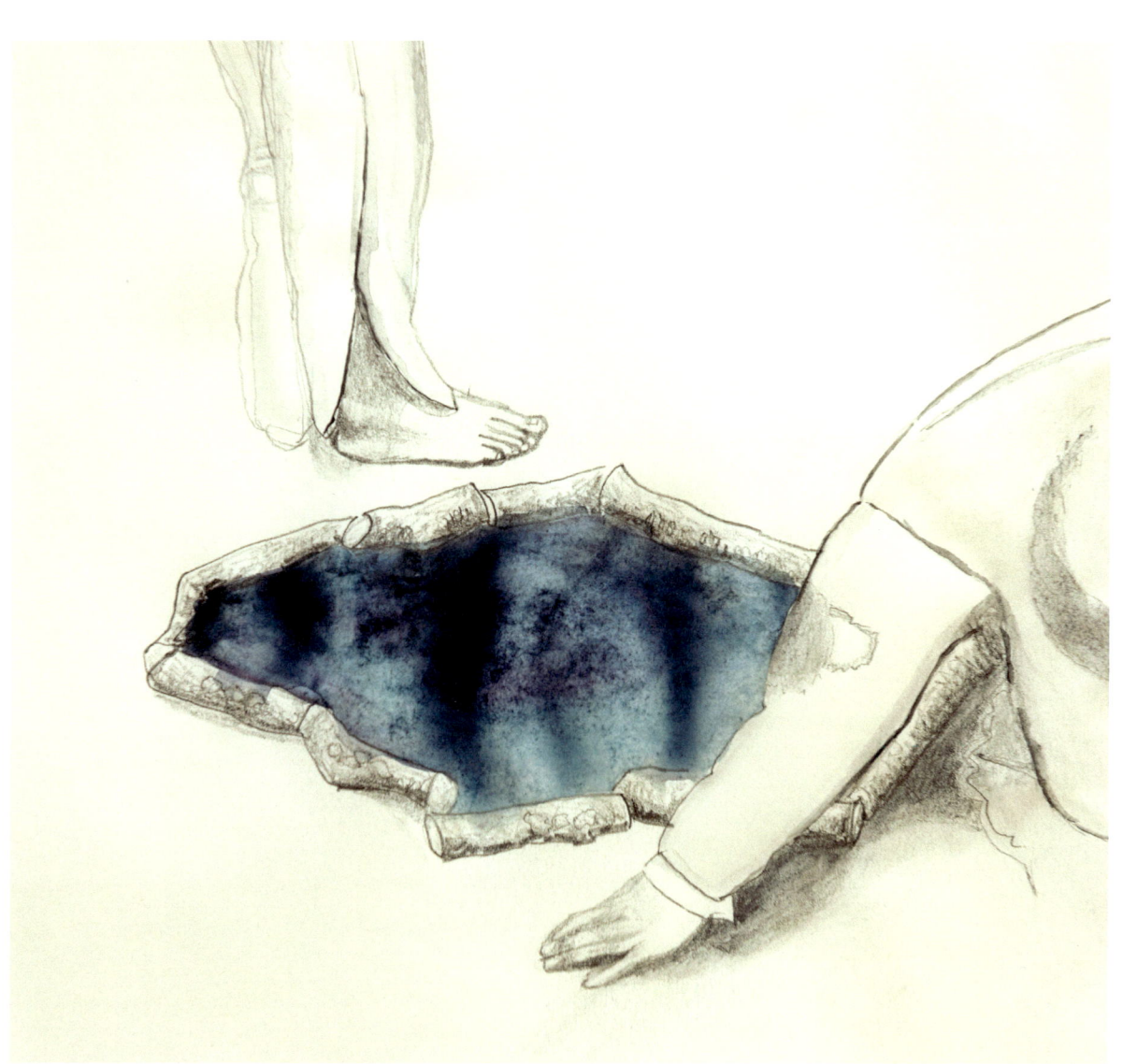

Ray-grass

Elle demande un jour au père pourquoi les vaches
gonflent.

Il répond que c'est une indigestion qui se produit avec un
fourrage gazeux.
La luzerne fait gonfler, et le colza, et le trèfle peut faire
gonfler également. Ce qui est le plus sain pour les bêtes,
il explique ensuite, c'est un fourrage contenant des gra-
minées:

   "Soit du régras, soit du dactyle."

Il utilise ce mot, régras, comme il l'a toujours fait avant,
quand il était encore paysan, et qu'elle était encore petite.

En le retranscrivant, plus tard, elle ressentira comme une
illumination: ce régras qui ne fait pas gonfler les bêtes,
c'est du *ray-grass*, en anglais : l'ivraie.

Mais pour le moment elle veut savoir encore ce qu'on fait
quand les bêtes gonflent quand même.

On leur donne un produit, dit le père, *un anti-gonfle* – c'est
le mot qu'il emploie, c'est la langue qu'il parle – dont il a
oublié le nom, et qu'autrement on peut toujours leur intro-
duire une baguette, un tube œsophagien, dans le cou.

   "Et tu savais faire ça, toi ?" elle demande.

Ma soeur et moi, nous allions parfois chercher notre père à l'hôpital ou à l'établissement médico-social pour aller manger dehors. Quand nous lui demandions ce qu'il voulait manger, il répondait toujours: "La fondue, ou les croûtes aux fromages, ça m'est égal, j'aime les deux." Ma soeur conduisait une petite Jimmy dans laquelle nous étions coincés, elle calait aux stops ou en pleine montée. Elle demandait toujours la route à mon père, même si nous allions chaque fois aux mêmes endroits, comme s'il était le seul à connaître l'itinéraire, ce qui n'était pas complétement faux. En rentrant, nous passions souvent par Agiez, voir les champs et compter les vaches de mon frère et de son associé. Une fois, ma soeur a garé la voiture devant la maison, devant *chez nous*. Nous avons regardé les grands sapins disparus et les rosiers rouges qui continuaient de fleurir et que nous aimions tant. Et puis nous sommes repartis, sans même être sortis de la voiture.

Pendant ce temps, tout passe à travers nos yeux grands
ouverts et il n'y a que les corbeaux qui voient tout.

Anne Golaz
Corbeau

Première édition publiée par MACK

© 2017 Anne Golaz pour ses photographies, dessins et textes
© 2017 Antoine Jaccoud pour ses textes
© 2017 MACK pour cette édition

Avec le soutien de Pro Helvetia - fondation suisse pour la culture
et du Canton de Vaud - service des affaires culturelles.

Imprimé par Optimal Media
Traduit par Kerrith McKenzie
Design par Anne Golaz & Lewis Chaplin

MACK
mackbooks.co.uk
ISBN 978-1-910164-97-6